Hermann Gutsch
Trimmen und Pflege der Segel

Hermann Gutsch

Trimmen und Pflege der Segel

ISBN/EAN: 9783954270385
Erscheinungsjahr: 2012
Erscheinungsort: Bremen, Deutschland

© maritimepress in Europäischer Hochschulverlag GmbH & Co. KG, Fahrenheitstr. 1, 28359 Bremen. Alle Rechte beim Verlag und bei den jeweiligen Lizenzgebern.

www.maritimepress.de | office@maritimepress.de

Bei diesem Titel handelt es sich um den Nachdruck eines historischen, lange vergriffenen Buches. Da elektronische Druckvorlagen für diese Titel nicht existieren, musste auf alte Vorlagen zurückgegriffen werden. Hieraus zwangsläufig resultierende Qualitätsverluste bitten wir zu entschuldigen.

| SEGELSPORT-BÜCHEREI · BAND 16 |

Trimmen und Pflege
der Segel

Trimmen und Pflege der Segel

Praktische Winke für den Segler

von

Hermann Gutsch

Mit 57 Abbildungen

RICHARD CARL SCHMIDT & Co. · BERLIN W 62

Vorwort.

Der in den letzten Jahren an mehreren Orten von mir gehaltene Vortrag über Trimmen von Segeln war aus der Praxis geboren und wurde für die Praxis gehalten. Aus Segler- und Lehrkreisen wurde an mich der Wunsch herangetragen, meine Ausführungen der Allgemeinheit zur Verfügung zu stellen. Ich habe dem Wunsche entsprochen und meinen Vortrag umgearbeitet mit dem Ziele,

1. dem Jachteigner und Jachtführer mit meinen Ausführungen beratend zur Seite zu stehen, um ihnen Zeit, Arbeit und Geld zu sparen und ihnen zum Erfolge zu verhelfen;
2. der Bootsbesatzung Anhaltspunkte für die richtige Behandlung der Segel zu geben. Was in mühevoller Kleinarbeit aufgebaut wurde, worauf auch die Erfolge beruhen, ist schon oft durch Unkenntnis in kurzer Zeit wieder zunichte gemacht worden.

So schwer es ist, ein Segel zu trimmen und im Trimm zu halten, so leicht ist es, ein Segel zu vertrimmen. —

Bei der Bearbeitung dieser Materie haben mich der Jachtkonstrukteur Herr Dipl.-Ing. Gruber, Flensburg, die Bootswerft und Segelmacherei Burmester, die Bootswerft Abeking und Rasmussen sowie die Segelmacherei Mählitz, Bremen, unterstützt und ihre Erfahrungen zur Verfügung gestellt. Ihnen an dieser Stelle meinen Dank und den Dank der Segler, die durch die Vorträge bereits haben Nutzen ziehen können, auszusprechen, betrachte ich als meine vornehmste Aufgabe.

Der Verfasser

Inhalt.

	Seite
Allgemeines	1
Segeltuch	2
Stoffwahl	2
Segelmacher	6
Trimmen der Segel	6
Rundhölzer	6
Großsegel (Segelform, Latten, Lieken, Trimmarbeiten, Spreizgaffel und Toppsegel)	11
Fock (Segelform, Lieken, Holepunkte, Trimmarbeiten, Sturmfock)	29
Klüver (Große Klüver, kleine Klüver und Flieger)	36
Ballon	39
Spinnaker (Segelform, Lieken, Trimmarbeiten)	44
Besan, Besanstagsegel	51
Trysegel	51
Wässern	51
Pflege der Segel	55
Reffen	55
Luftfeuchtigkeit	58
Segeltrocknen	58
Segelbezüge	60
Segeltrimmbuch	61
Schotwinden	62
Segelaufbewahrung	64
Anlage: Ausrüstung	65

Abb. 1. Starboote im besten Trimm am Start.   Phot. Urbahns.

Allgemeines.

Zum Trimmen von Segeln gehören gute Beobachtungsgabe, liebevolle Kleinarbeit und viel Geduld. Es ist eine Kunst, die nicht nur gelernt und wissenschaftlich erfaßt, sondern auch gekonnt sein will. Dies beweisen die einzigartigen Erfolge des deutschen Starbootseglers v. Hütschler bei den Weltmeisterschaftskämpfen. — Auch kann man feststellen, daß gute Segel nur bei guten Seglern zu finden sind. Sie beherrschen die Kunst und wissen, daß über die Hälfte eines Erfolges im guten Stand der Segel liegt, daß die Summe vieler Kleinigkeiten und Feinheiten den Ausschlag gibt und daß Großes nur in unermüdlichem Ringen mit Großem erwächst. Diese guten Segler können auch ihren Meister nennen, dem sie die Kunst abgelauscht haben, um selber Meister zu werden.

Das Trimmen der Segel ist keine exakte Wissenschaft. Die jachttechnischen Fragen werden daher immer verschiedener Beurteilung unterliegen. Auch lassen sich keine festen Trimmvorschriften aufstellen, denn jedes Segel ist seiner Eigenart (Material, Stärke, Größe) entsprechend zu behandeln. Die Hauptursache liegt in der Beschaffenheit der Stoffe und der Rundhölzer, in der Schotführung und in der Luftfeuchtigkeit, wodurch das Segel dauernd beeinflußt wird. Eins aber haben alle neuen Segel gemeinsam. Sie brauchen eine gewisse Trimmzeit. So wie der neue Motor eines Autos während des Einfahrens gedrosselt läuft, damit er Zeit zum Einlaufen bekommt und später viele Jahre Spitzenleistungen zeige, so soll auch jedem Segel genügend Zeit zum Eintrimmen gegeben werden. Eine bestimmte Trimmstundenzahl kann nicht angegeben werden. Bei einem mittelstarken Großsegel mittlerer Größe kann man eine Trimmzeit von 30—60 Stunden annehmen. Es soll erst 4—8 Stunden bei ganz leichten Winden gesegelt werden, bevor es stärkeren Winden ausgesetzt wird. Bei kleineren, leichten Beisegeln rechne man mit 6—12 Trimmstunden und bei größeren Beisegeln mit der doppelten Zeit. Hierbei ist es stets sicherer, eher mehr als zu wenig Trimmstunden anzusetzen.

Segeltuch.

Stoffwahl.

Bei der Auswahl der Stoffe liegen bereits die ersten Gefahrenquellen. Die meisten Segler nehmen zu leichte Stoffe und wundern sich später, daß die Segel ihre gute Form so früh verlieren. — Kommt für ein Boot nur ein Stell Segel in Frage, so wähle man für die „Beimwind-Besegelung", die auch bei hartem Winde ihre guten Kreuzeigenschaften trotz größter Beanspruchung, trotz des Reffens nicht verlieren darf, der Größe des Bootes entsprechend schweres Tuch. Dabei ist zu berücksichtigen, daß ein sehr steifes Boot wiederum schwerere Tuche braucht als ein Boot gleicher Größe mit geringer Stabilität. — Für die Beisegel hingegen nehme man leichte Tuche, die bei schwachen Winden nicht so früh einfallen.

Kommen mehrere Stell Segel in Frage, so wähle man neben Übungs- und Tourensegel Vielwindsegel aus stärkerem Tuch,

Abb. 2. Phot. Behrens.
Olympiajolle mit Leichtwettersegel.

die sich zwar schwerer und langsamer trimmen lassen, aber dafür die Form länger behalten, und Flautensegel aus leichtem Stoff, die bei genügend Bauch dem Boot die Lebendigkeit geben. Das Flautensegel ist das Idealsegel bei leichter Brise und ist nur bis Windstärke 2 zu setzen. Darüber hinaus benutzt, wird es bald sackförmig vertrimmt. Außerdem gibt es einer Jolle durch den großen Bauch unnötig Schlagseite.

Die Olympiajollen kommen mit einem Windsegel und einem Leichtwettersegel aus (Abb. 2), zumal während einer Regattareihe nur zwei verschiedene Segel gefahren werden dürfen.

Die Starboote brauchen ein Flautensegel, Mittelwind- und Vielwindsegel.

Bei den größeren Jachten kommt es auf die Aufgabe an, die man an sie stellt. Klassenboote, welche vorwiegend Kurzwettfahrten mit Spitzenleistung mitmachen, brauchen verschiedene Leicht-, Mittel- und Vielwindsegel. Bei dieser Betrachtung soll der Brauch amerikanischer Jachteigner, die nicht nur Segel für verschiedene Windstärken, sondern auch für einzelne Feuchtigkeitsgrade besitzen, unberücksichtigt bleiben.

Den Hochseejachten sind (nach Royal-Ocean-Racing-Club-Formel [RORC] bzw. Bermuda-Formel) im Gegensatz zu den oft gleichgroßen R-Booten Flautensegel verboten, weil die Hochseeboote Segel an Bord haben sollen, mit denen sie durchhalten können. Sie sollen nicht nur den Kampf mit der Konkurrenz aufnehmen, sondern auch die oft sehr schwere Prüfung durch die See ohne fremde Hilfe bestehen können.

Zusammengefaßt kann gesagt werden, die Stärke des Stoffes richtet sich danach, ob das Tuch für Großsegel, Vorsegel oder Beisegel gebraucht wird und nach der Größe dieser Segel. Dies heißt, die Stärke des Tuches hat mit der Größe des Segels und seiner Beanspruchung im Einklang zu stehen. Der Segler hat dann aber auch die Verpflichtung, die Segel entsprechend zu verwenden. Ein Flautensegel ist kein Schwerwettersegel. Ein Kreuzballon ist kein Sturmsegel.

Abb. 3. Segeltuche.

Welche Stoffe man nehmen soll, bespreche man mit einem erfahrenen Segelmacher, der den Bootstyp, die zukünftige Konkurrenz und das Segelrevier kennt. Er bringt die Eigenschaften seiner Stoffe mit den Aufgaben in Einklang. Für Trysegel kommt Flachs, für alle anderen Segel Mako verschiedenster Stärke in Frage (Abb. 3). Man wähle gute Stoffe, denn billige Stoffe sind bald erledigt. Ägyptische Baumwolle ergibt das beste Segeltuch.

Segelmacher.

Man halte dauernd Verbindung mit dem Segelmacher, damit er während des Trimmens auftretende Fehler sofort beseitigt und den Erfolg seiner Arbeit sehen kann. Für ihn ist z. B. wertvoll zu sehen, ob die Rundung im Achterliek des Großsegels dem erwarteten Einlaufen entsprach oder ob das höhere Schothorn des Vorsegels dem späteren Recken des Segels nach unten genügend vorgriff. Wenn neben der engen Fühlungnahme der Segelmacher selbst begeisterter Segler ist, dann ist viel gewonnen. Hört aber sein Interesse im Augenblick der Bezahlung auf, dann ist er für den Regattasegler ungeeignet.

Trimmen der Segel.

Zum Trimmen eines neuen Großsegels mittlerer Größe müssen 30—60 Stunden vorgesehen werden. In dieser Zeit darf es weder Regen oder Nebel noch starkem Winde ausgesetzt werden. Reffen kommt nicht in Frage. Ebenso nehme man nicht zu früh an Wettfahrten teil, denn es kann dann keine Rücksicht mehr genommen werden. Außerdem ist ein Boot sowieso erst im zweiten Jahre im besten Trimmzustande. Jede Sorglosigkeit und Unachtsamkeit wirkt sich im Stand und der Lebensdauer des Segels aus. Was nützt dann dem Segler das schönste und teuerste Segel?

Rundhölzer.

Da die Rundhölzer dem Segel festen Halt bieten sollen und dadurch erst einen guten Stand des Segels ermöglichen, ist es verfehlt, die Hölzer zur Gewichtsersparnis so dünn zu machen, daß sie sich verbiegen oder verdrehen. Ein unberechenbarer, dauernd wechselnder Stand des Segels ist die Folge. Meistens tritt durch einen zu dünnen Baum und durch falsche Hohlepunkte der Großschot die größte Krümmung in der Baummitte ($\frac{1}{2}$ L.) auf, statt weiter vorn (ungefähr $\frac{1}{3}$ L.). Ferner soll der achtere Teil des Baumes gerade auslaufen (Abb. 8). Große Jachten können sich helfen, indem sie den Baum versteifen (Abb. 4). Leider ist die Entwicklung noch nicht so weit,

Abb. 4.
Hochseeboot mit versteiftem Großbaum, Schotwinden und je einer Mastschiene für Großsegel und Trysegel.

daß der versteifte Baum mit einem Patenttreff vereinbar ist. Starboote helfen sich, indem sie mit drei Schotringen die Angriffspunkte an die gewünschte Stelle bringen. Mit dem vordersten Schotring kann sogar der Baum nach unten durchgebogen werden, um das Großsegel flacher zu stellen und bessere Kreuzeigenschaften zu erzielen. Die meisten Boote sind jedoch gezwungen, dickere Bäume zu fahren.

Da die Rundhölzer in sich völlig gerade sein müssen und sie sich u. a. im Winterlager durch schlechte Lagerung vertrimmt haben können, prüfe man öfters, am besten während des Segelns bei steifer Brise nach. Hierzu geht man auf das Vorschiff, peilt Oberkante Großbaum entlang und stellt fest, ob der Baum in einer geraden Linie verläuft. Oft ist man erstaunt. Man glaubte einen einwandfreien Großbaum zu besitzen und sieht stattdessen eine Krümmung darin. Dieser Baum ist entweder zu dünn oder hat sich verzogen. Eine Rückbildung oder Erneuerung ist notwendig. Dann prüfe man den Mast. Hierzu legt man sich an Deck und peilt Achterkante Mast nach oben. Selbst der leichteste Mast eines Starbootes soll in sich völlig gerade sein. (Abb. 5.)

Dies hat mit dem Masttrimmen eines Starbootes, der zeitweise absichtlich erzeugten leichten Krümmung des oberen Teils eines Starmastes durch Losegeben des Toppstags und Anholen der Großschot oder mit dem Weichstellen eines Mastes bei schwachen Winden durch Losegeben in der Verstagung nichts zu tun. Krumme oder verzogene Rundhölzer sind auf jeden Fall unbrauchbar. Nur für Fachleute auf kleineren Booten (Starboot) ist es ratsam, statt der stabilen Rundhölzer biegsame Masten und Bäume zu verwenden, um dem Großsegel jeweilig eine günstigere Form zu geben.

Abb. 5. Phot. Urbahns.
Gerader Mast, gut getrimmte Segel.

Hierbei haben Segelform, Windstärke, Windrichtung und Trimmen des Mastes in Einklang zu stehen.

Auf die besonderen Trimmöglichkeiten im Starboot soll nicht näher eingegangen werden, da die großen Boote ihren Mast fest im Deck stehen haben und die Mastneigung Erfahrungswerten entspricht. Einige Jollen können nur ihre Mastneigung verändern, während die Starboote außerdem ihren Mast in der Gesamtheit mehr nach vorn oder achtern versetzen können und dadurch bei Verwendung biegsamer Rundhölzer auch während der Wettfahrt dem Mast und Segel die jeweils gewünschte Form geben können. Doch eins hat auch das Starboot mit den anderen Booten gemeinsam. Auch der biegsame Starmast muß in der unteren Hälfte stets gerade sein. Auf großen Booten achte man besonders auf die oberste, kleine Verstagung. Die oberste Saling ist vom Boot aus schlecht zu übersehen, so daß sich leicht eine Vertrimmung einschleicht.

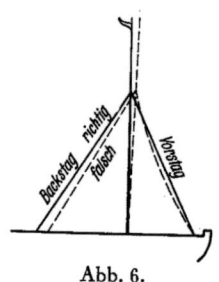

Abb. 6.
Vertrimmung ------
bei schlecht durchgesetztem Backstag.

Auch durch schlechtes Durchsetzen des Backstags kann eine Vertrimmung des Mastes eintreten (Abb. 6). Starboote können sich dagegen sichern, indem sie die Löcher, in welchen das Backstag bei den verschiedenen Maststellungen gefahren werden muß, zeichnen. Amerikanische Pokalboote führen ihr Backstag

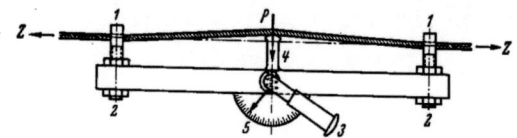

1 = Hakenbolzen zum Überhaken über den Draht.
2 = Adjustiermuttern für Drähte von verschiedenen Durchmessern.
3 = Griff zum Vorspannen des Druckbolzens 4
4 = Druckbolzen registriert durch Federübertragung Druckkraft P, verursacht durch Zugkraft Z.
5 = Skala und Zeiger.

Abb. 7. Schema eines Backstag-Zugmessers.

über eine Meßbrücke (Abb. 7) und lesen darauf den Backstagzug ab. Ein schlecht durchgesetztes Backstag führt zu losem Vorstag, zu schlecht stehenden Segeln und zu vertrimmten Masten.

Großsegel.

Segelform.

Die erfolgreichste und deshalb anzustrebende Form eines Segels ist am Flügel eines Vogels (besonders gut am fliegenden Fisch) oder an der Tragfläche eines Flugzeuges zu sehen. Die Tragfläche zeigt vorn eine gerade Anstrichkante. Im Schnitt betrachtet liegt im Bereich I (Abb. 8) eine große Bucht, im Bereich II die mehr gerade werdende Fläche und im Bereich III die Form für guten Abfluß. Diese erstrebenswerte Form einschließlich der wulstigen Anstrichkante ist beim Segel aus verschiedenen Gründen nicht möglich.

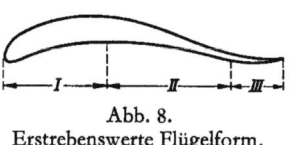

Abb. 8.
Erstrebenswerte Flügelform.

Die Größe der Bucht (des Bauches) im Segel ist von der beabsichtigten Verwendung bei viel oder wenig Wind und von der Größe des Segels in Verbindung mit der Bootsgröße abhängig. Flautensegel haben einen größeren Bauch als Vielwindsegel. Jollensegel haben einen größeren Bauch als Jachtensegel. Letztere sind fast flach. Starbootssegel liegen auf der Mitte. Sie dürfen weder zu flach noch zu bauchig sein. Hierbei kann man auch durch die Stellung der Toppwanten nachhelfen. Werden die Toppwanten an der Pütting weiter achtern eingeschäkelt, erzielt man ein flacheres, weiter vorn ein bauchigeres Segel.

Bei dieser Gelegenheit sei die Taktik der Olympiajollen- und Starbootssegler erwähnt, die bei leichten Winden ihrem Mast mehr Neigung nach achtern geben, um mehr Leben ins Boot zu bekommen.

Warum zu einem langsameren Boot oder zu schwächeren Winden ein bauchigeres Segel gehört, ist aus der (Abb. 9) ersicht-

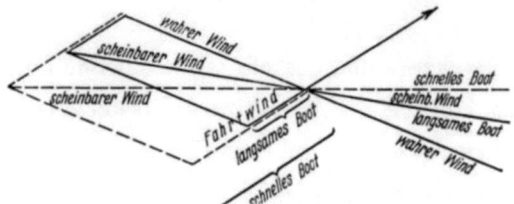

Abb. 9. Das schnellere Boot kann nicht so hoch zum wahren Winde kreuzen wie das langsamere Boot.

lich. Beide Bootstypen sollen gleich hoch zu ihrem scheinbaren Winde segeln können und denselben wahren Wind haben. Dann verlegt ein doppelt so schnelles Boot mit seinem doppelt so großen Fahrtwind die Richtung des scheinbaren Windes mehr nach dem Fahrtwind zu, so daß ein Boot mit mehr Fahrt (d. h.

Abb. 10. 15-qm-Wanderjollen mit durchgehenden Segellatten. Phot. Riebicke.

ein größeres Boot) zum wahren Wind nicht so hoch anliegen kann wie ein langsameres Boot (Jolle).

Latten.

Um das Großsegel in der Bildung einer guten Form zu unterstützen, bedient man sich der Segellatten. Ideal ist eine durchgehende Latte, wie sie bei manchen Binnenjollen gestattet ist (Abb. 10). Sie verhindert besonders im oberen Teil des Segels die bekannte Knickbildung. Bei allen anderen Bootsklassen sind kürzere Latten in bestimmter Länge vorgeschrieben.

Von dem zu verwendenden Material wird verlangt, daß es sich gleichmäßig biegt, nicht wirft noch splittert. Für die oberste Latte wähle man Oregon-Pine oder Hickory. Für die untere genügt Esche oder Eiche. Fichte oder Kiefer kommen nicht in Frage, da sich diese Latten in nassem Zustande werfen.

Abb. 11. 22-qm-nationale Jolle mit durchgehenden Segellatten.   Phot. Riebicke.

Zeder bricht längs der Faser und Metallatten beschädigen leicht das Segeltuch.

Die Stärke der Latten muß so sein, daß der Wind stets in der Lage ist, dem Segel die gewünschte Form zu geben, d. h. Flautensegel brauchen dünne, Vielwindsegel dickere Latten. Auch von oben nach unten steigt die Stärke der Latten. Als

Abb. 12. Segellatte macht sich selbständig. Hochseeboot in gutem Trimm.

oberste Latte genügt bei kleinen Booten eine 5 mm starke Latte. Unten muß sie oft doppelt so stark sein. Die genaue Ein- und Anpassung der Latten erfolgt erst während der Trimmfahrten, um auch während des Trimmens durch Verwendung stärkerer oder dünnerer Latten die Formbildung des Segels besonders am Achterliek und oben zu unterstützen. Hierbei ist zu beachten, daß die Latte hinten mit Löchern versehen und im Achterliek stets befestigt wird (Abb. 12), damit dieser Punkt der Latte zum Segel festliegt. Am vorderen Ende soll die Latte 1—2 Finger breit Lose haben, damit die Latte besonders bei Regen nicht bohrt (Abb. 48). Auch oben bzw. unten soll sie etwas Lose haben, sonst bekommt man die Latten schon nach wenigen Regenstunden nicht mehr aus der Lattentasche. Bei einer längeren Fahrt hat die gequollene Latte genügend Zeit, die Tasche zu sprengen. Kann dann das Großsegel nicht sofort geborgen werden, so reißt das Segel in verhältnismäßig kurzer Zeit vom Achterliek bis zum Mastliek durch, wie es auf einer Hochseeregatta geschehen ist.

Um die im Laufe des Trimmens sorgfältig eingepaßten Latten nicht zu verwechseln, sind die Taschen und die dazugehörigen Latten von oben nach unten zu numerieren. Diese Hilfe macht sich auch bei schnellem Auftakeln oder Seeklarmachen mit Ersatzleuten angenehm bemerkbar.

Segellieken.

Das Achterliek eines Großsegels (Abb. 13) ist am empfindlichsten. Der Segelmacher hat sich hier bemüht, über das vermessene Dreieck hinaus möglichst viel Tuch in einer Rundung des Achterlieks unterzubringen. Dieses Tuch läuft, wenn ihm während des Trimmens genügend Zeit gelassen wird, durch das

Recken des Mastlieks in das Segeldreieck ein. Hier zeigt sich die Kunst des Segelmachers. Hat er in die Rundung mehr Tuch eingenäht als nachher einläuft, so steht das Achterliek wie ein Brett und klappt mitsamt den Latten nach Lee weg. Deshalb ist vor extremen Künsten zu warnen. — Da das Achterliek schon beim Segelsetzen durch das Gewicht des Baumes gefährdet ist, soll bei jedem Ausholen des Baumlieks der Baum angelüftet oder angedirkt werden. Erst wenn das Baumliek ausgeholt ist, darf das Gewicht des Baumes an das Segel. Erst dann wird das Baumgewicht gleichmäßig auf das ganze Segel verteilt,

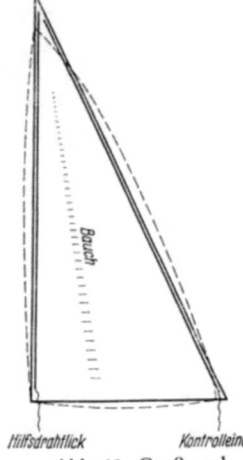

Abb. 13. Großsegel.
------ Vom Segelmacher zugeschnittene Form.
——— Segelform nach dem Trimmen.

Abb. 14. 10-qm-Rennjolle (N 378) mit gut stehendem Achterliek. Phot. Riebicke.

und der Baum hängt nicht an der Achterliekrundung mit einer Neigung nach unten. Zur Entlastung des Achterlieks besonders beim Halsen ist eine Kontrolleine eingezogen, die stets so durchgesetzt sein soll, daß sie bei Überbeanspruchung das Achterliek entlastet und ein Ausrecken verhindert.

Das Vorliek ist meistens ein empfindliches Hanfliek. Um ein zu schnelles Recken zu verhindern, ist ein Hilfsdrahtliek eingezogen. Dieses Drahtliek ist stets so durchzusetzen, daß sich das Hanfliek trotz Zug des Großfalles mit der Segelfläche in gleichem Schritt reckt, sonst wird das Segel vorn flach und der Bauch wandert nach achtern. Erst wenn zwischen den Mastrutschern Buchten zu sehen sind, ist im Drahtliek Lose zu geben.

Da auf großen Booten der obere Teil des Mastlieks beim Segelsetzen besonders viel Segeltuchmassen hochziehen muß, reckt sich bei schweren Segeln an hohen Masten der obere Teil des Mastlieks besonders rasch, während das Mastliek dicht über dem Großbaum gar nicht beansprucht wird. Dieser ungünstigen Beanspruchung des Lieks beim Heißen kann man begegnen, indem man in die obere Reffkausch ein zweites Fall einschäkelt und damit den unteren Teil des Segels heißt und durchsetzt, so daß am Großfall nur der obere Teil des Segels hängt.

Am Kopfholz des Großsegels ist darauf zu achten, daß das Fall möglichst an der Vorderkante des Vorlieks eingeschäkelt wird oder die Rolle im Scheibegat des Großfalls so weit Achterkante des Mastes übersteht, daß das Fall auch kurz vor dem letzten Vorheißen im gleichen Abstand zur Schiene bleibt. Sonst zerrt das Fall das Kopfholz an das Scheibegat, der oberste Mastrutscher wird von der Schiene abgezogen oder abgerissen und das Segel wird vertrimmt.

Am Baumliek findet keine nennenswerte Flächenverschiebung statt. Baum- und Gaffelliek sind sich ähnlich (Abb. 15). Beide brauchen kein Hilfsliek, da ihnen die Rundhölzer genügend Stütze bieten. Man achte aber darauf, daß Kauschen und Liek

Abb. 15. Gaffelsegel. 12 qm-Einheitsscharpie-Boot.

in einer geraden Linie festgehalten werden ohne Rücksicht darauf, ob das Liek angeschlagen, in einer Nut eingezogen oder an Rutschern auf einer Schiene ausgeholt ist. Buchten zwischen den Rutschern bzw. den Marlschlägen oder die Kausch des Großhalses zu weit innerhalb des Segeldreiecks sind Fehler, die am häufigsten vorkommen. Unter diesen Umständen kann kein Segel stehen. —

Abb. 16.
Besan mit losem Fußliek. Doppelt geschoteter Klüver.

Phot. Urbahns.

Segel mit losem Fußliek sollen unerwähnt bleiben (Abb. 16), da sie sich bisher nicht durchgesetzt haben, obgleich dieser Gedanke in entwickelterer Form auf der amerikanischen Pokaljacht „Rainbow" Anwendung gefunden hat. Die Hauptschwierigkeit zeigt sich beim Reffen.

Trimmarbeiten.

Für die erste Trimmfahrt ist ein besonders schöner, sonniger Tag mit leichter, stetiger Brise zu wählen, denn in den ersten Trimmstunden reckt sich das Segel am meisten. Es ist daher

Abb. 17.   Phot. Atlantic.
Piratenboot mit überstehenden Segellatten.

in dieser Zeit am sorgfältigsten zu behandeln. Niemals darf ein neues Segel gerefft oder bei feuchter Luft gesetzt werden. Wird das Boot vom Regen oder von starken Winden überrascht, so sind die Segel sofort zu bergen. Auch kommt ein Segelsetzen ohne Latten nicht in Frage, da sonst die Rundung des Achterlieks durch das Gewicht des Baumes zwischen Kopfholz und Baumnock in eine gerade Linie gezogen wird und der Baum nach unten hängt. Ein Ausrecken des Achterlieks wäre die Folge. Nur durch die Latten wird das Gewicht des Baumes auf das Segel verteilt und die Achterliekrundung geschützt. Die Latten sind zunächst lose einzuziehen. Die Regulierleine im Achterliek ist lose. Baumliek und Mastliek werden so weit durchgesetzt, wie sie freiwillig hergeben. Ein Zuwenig ist genau so schädlich wie ein Zuviel. Das Drahtliek ist stramm durchzusetzen, damit es den Hauptzug des Großfalls aufnimmt und dadurch ein gewaltmäßiges Ausrecken des Mastlieks verhindert. Wird das Großsegel mit einer Fallwinde geheißt, so ist besonders Vorsicht geboten. Die Segeltuchfalten am Liek bieten hierbei keinen Anhalt. Sie sind vom Segelmacher absichtlich hineingenäht, weil sich das Liektau mehr reckt als das Segeltuch. — Während des Heißens wird der Baum angedirkt, damit das Achterliek vom Baumgewicht befreit wird und die Reibung der Mastrutscher verringert wird. Ist ein Gaffelliek vorhanden, so ist das Piekfall durchzusetzen, bis an der Klau kleine Falten sichtbar werden und beim Durchholen der Großschot wieder verschwinden (Abb. 18). Gaffelsegel werden eher durch ein zu wenig als zu viel durchgesetztes Piekfall vertrimmt. Beim zu wenig durchgesetzten Piekfall bilden sich durch das Gewicht des Baumes und durch den Schotzug lange Falten von der Klau zum Baum, und der Segelteil zwischen

Achterliek und Gaffel ist lose. Wird aber das Piekfall und dadurch auch das Achterliek gut durchgesetzt, so werden das Gewicht des Baumes und der Schotzug auf die ganze Segelfläche verteilt und das Segel steht.

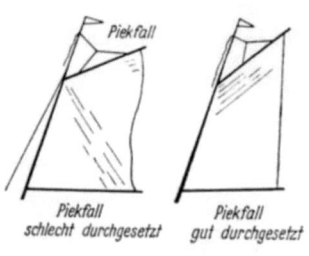

Abb. 18. Gaffelsegel.

In den ersten Trimmstunden ist nur raumschots mit losen Schoten zu segeln, damit die Schot das Segel nicht nach unten reckt. Andererseits aber ist stets mit vollstehendem Segel zu

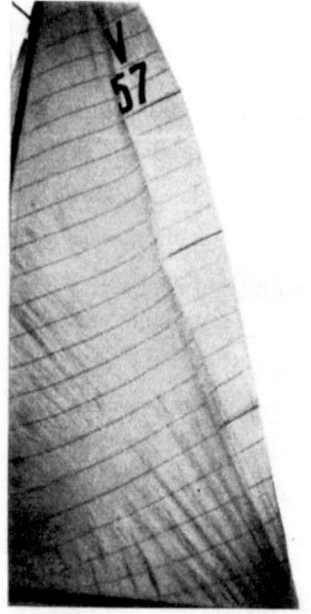

Abb. 19. 1. Trimmstunde. Baum- und Mastliek leicht durchgesetzt. Starke Achterliekrundung. Geneigter Großbaum hängt in der Achterliekrundung.

Abb. 20. 6. Trimmstunde. Noch starke Achterliekrundung.

Abb. 21. 15. Trimmstunde.
Durch Recken des Mastliekes Segeltuch der Achterliekrundung zum Teil ins Segel eingelaufen.

Abb. 22. 21. Trimmstunde.
Baumliek ausgeholt. Vordere Segelfläche steht. Mastliek noch nicht ganz ausgeholt. Geringe Achterliekrundung.

segeln, damit sich das Segel gleichmäßig reckt. Läßt man das Segel unnötig schlackern, wandert der Bauch langsam nach achtern und es schlagen sich die Segeltuchflächen und -fasern durch Schamfilen langsam kaputt. (Zerfranste Flagge.)

Während des Segelns werden sich langsam die Lieken recken, so daß längs der Rundhölzer Falten auftreten, die laufend durch vorsichtiges Ausholen der Lieken zu beseitigen sind. Hierbei ist keine Kraft anzuwenden, denn das Segel soll sich langsam und von selbst recken und nicht mit Gewalt ausgereckt und vertrimmt werden. Beim Durchsetzen des Mastlieks ist zu beachten, daß das Tuch der Achterliekrundung nach oben ins Segel einläuft. Das Baumliek ist vorsichtig auszuholen,

Abb. 23. 35. Trimmstunde. Baum und Mastliek fertig, Achterliek fast fertig.

Abb. 24. Nach dem Wässern und Trockensegeln. Unterliek (Großsegel) und Doppelung (Fock) noch feucht.

da am Baum wenig Flächenveränderung eintritt. Wird das Baumliek zu stramm ausgeholt, so preßt die unterste Latte und es entstehen nach dem Wässern fächerförmige Falten am Schothorn.

Die Wirkung der Latten ist dauernd zu beobachten, denn sie sollen die Bildung eines gleichmäßigen, gewölbten Segels ohne Falten unterstützen. Ist das Segel zu bauchig, sind dickere Latten, ist es zu flach, sind dünnere Latten zu verwenden. Die Latten sind dabei lose einzubinden. Ist das Segel trotz Verwendung dickerer Latten zu bauchig, so muß versucht werden, das Segel durch vorsichtiges Ausholen der Lieken langsam flacher zu bekommen. Bei zu flachem Segel ist umgekehrt zu verfahren. Ist vor einer Latte ein Knick, so ist die Latte zu lang und muß verkürzt werden. Oft ist sie auch zu dick. Bilden sich an einzelnen Stellen unerwünschte Falten, so kann man durch Bespritzen mit Wasser entgegenwirken, falls diese Falten beim Wässern des ganzen Segels nicht von selbst verschwinden werden. Hierbei ist zu bedenken, daß das Segel beim Wässern in Richtung der Nähte einläuft. Beim Bespritzen ist sauberes Wasser zu verwenden, damit keine Ränder zurückbleiben. Die vielen kleinen Falten zwischen den Bahnen eines handgenähten Segels bleiben unbeachtet. Sie verlieren sich im Laufe der Zeit von selbst. Treten andere Fehler auf, so sind sie mit dem Segelmacher zu besprechen, da dann meistens eine Umänderung des Segels notwendig ist. Hierzu gehört auch, wenn das Liek über die festgesetzte Grenze, den schwarzen Vermessungsstrich (Meßmarke) hinausragt. Beim Flautensegel einer Jolle darf man sich nicht irretieren lassen. Hier ist das Baumliek nur in der vorgeschriebenen Länge auszuholen, damit der vorgesehene Bauch erhalten bleibt.

Wie lange zu trimmen ist, bestimmt allein der Stand des Segels (Abb. 19—25). Leichte Segel werden früher, schwere Segel später so weit sein, daß man ihnen stärkere Winde zumuten kann. Man gehe lieber langsamer vor und lasse dem

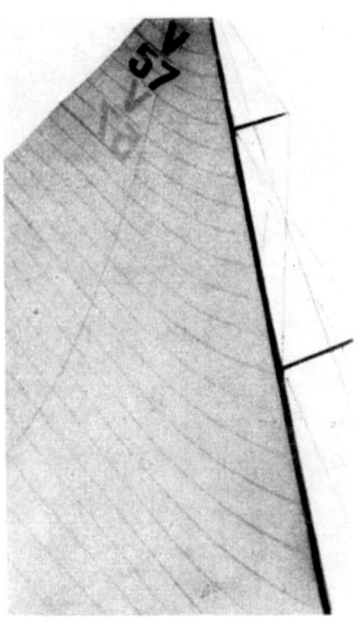

Abb. 25. Nach $2^{1}/_{2}$ Monaten. Nach 364 Seemeilen Segelstrecke einschließlich Reffen und erfolgreich durchgeführter Nordseewoche.

Abb. 26. Phot. Urbahns.
Starboot in gutem Trimm hoch am Winde.

Segel zum Recken genügend Zeit, statt es in Eile zu vertrimmen. Auch sehe man sich das Boot unter Segel öfters von weitem an. Man wird manchen Fehler entdecken, den man vom eignen Boot aus nicht sah. Ferner achte man darauf, daß nach jedem Segeln das Baum- und Gaffelliek losgeworfen werden, damit sie einspringen können und sich bei Feuchtigkeitsschwankungen nicht vertrimmen. Sonst wird das Unterliek zu lang, das Achterliek hohl und am Schothorn entstehen die bekannten fächerförmigen Falten. Die Gefahr ist besonders groß, wenn die Luftfeuchtigkeit größer wird. Diese Erfahrungen haben dazu geführt, daß in neuerer Zeit im Mastliek wieder öfter das Hanftau als der Stahldraht verwendet wird, da das Hanftau und das Segeltuch annähernd gleichstark den Feuchtigkeitsveränderungen unterworfen sind, während der Stahldraht keine wesentlichen Veränderungen zeigt.

Nach jedem Segeln sind alle Latten herauszunehmen und gerade hinzulegen, damit sie sich nicht verziehen.

Spreizgaffel und Toppsegel.

Das Wishbone-Rig bzw. die Spreizgaffel-Takelage (Abb. 27) sei hier nicht erwähnt, da sich dieses Rig bisher nicht durchgesetzt hat. Die Trimmarbeiten sind wie bei den Vorsegeln.

Auch das Toppsegel bleibt unerwähnt, da dieses Segel mit seinen schlechten Kreuzeigenschaften langsam ausstirbt.

Abb. 27. Spreizgaffel-Takelage. Phot. Schensky.

Abb. 28. Starboot mit Fockschotenplatte und gut aufeinander abgestimmten Segeln. (Olympiasieger [Goldene Medaile] am 5. Wettkampftag vor dem Start.)

Fock.

Segelform.

Wenn auch die Fock im Verhältnis zum Großsegel klein ist, so ist das Vorsegel doch nicht minder wichtig. Die Fock soll nicht nur mit ihren Quadratmetern dem Boot Fahrt geben, sondern darüber hinaus im Verein mit dem Großsegel durch Düsenwirkung dem Boot erhöhte Fahrt verleihen. Hierzu gehört zunächst, daß beim Vorsegel eine scharfe, geradlinige Anstrichkante bei stramm durchgesetztem Vorstag und Vor-

Abb. 29.   Phot. Schensky.
Lose Vorstags ändern besonders im Seegang dauernd die Segelform.

fall vorhanden ist, um der Anstrichkante zu besserer Wirkung zu verhelfen (Abb. 28). Bei zu wenig durchgesetztem Vorstag sackt das Vorliek zu weit durch und ergibt einen schlechten Wirkungsgrad des Segels (Abb. 29). Die Anstrichkante muß auch später öfters überprüft und gegebenenfalls durch Nachschneiden des Vorlieks verbessert werden. Wie wichtig das ist, konnte während der Segelolympiade beobachtet werden. Über Nacht ließen einige Jachten ihre Vorsegel nachschneiden, damit das Segel für die nächste Regatta wieder einwandfrei war. Damit das Vorsegel gute Kreuzeigenschaften aufweisen kann, soll es im Gegensatz zum Großsegel ziemlich flach sein und muß, um mit dem Großsegel zusammen eine gute Düse bilden zu können (Abb. 30), im achteren Teil fast die gleiche Rundung haben wie der gegenüberliegende Teil des Großsegels. Das heißt, die beiden Segel müssen aufeinander abgestimmt

Abb. 30. Düsenwirkung gut aufeinander abgestimmter Segel.   Phot. Urbahns.

Abb. 31. Abwind der Fock im Großsegel. Phot. Riebicke.

sein. Die Fock darf weder so sein, daß sie den Abwind in das Großsegel wirft (Abb. 31) oder den Wind nicht raus läßt, noch so sein, daß die gewünschte Luftbeschleunigung zwischen

Fock und Großsegel ausbleibt, denn darauf beruht die Düsenwirkung, d. h. die Verstärkung des Großsegelsogs, die zusätzliche Geschwindigkeitssteigerung.

Im Segelschnitt kommt nur noch ein gelaschtes Vorsegel mit Bahnen senkrecht zum Achter- und Unterliek in Frage, da dieser Schnitt am besten steht (Abb. 28). Will man den Schnitt einer Fock prüfen, so lege man das Boot in den Wind und setze Fockfall und Fockschot gut durch. Dann darf kein Bauch hin- und herschlackern. Andernfalls muß der Bauch nach vorn gerafft und am Vorliek herausgeschnitten werden.

Lieken.

Das Achterliek einer Fock ist am empfindlichsten und bedarf der größten Aufmerksamkeit. Wenn auch die Lasche, die gegen Ausrecken gesichert ist, den Schotzug gleichmäßig auf das ganze Segel verteilen und Faltenbildung am Schothorn verhindern soll, so ist doch manchmal das Achterliek zu stramm und das Unterliek zu lose, obgleich es eher umgekehrt sein sollte. Ist der Schnitt des Segels richtig, dann liegt der Fehler beim Holepunkt.

Holepunkt.

Der Holepunkt der Schot an Deck soll bei kleineren Vorsegeln mit kleinem Fußliek in Verlängerung der Lasche oder

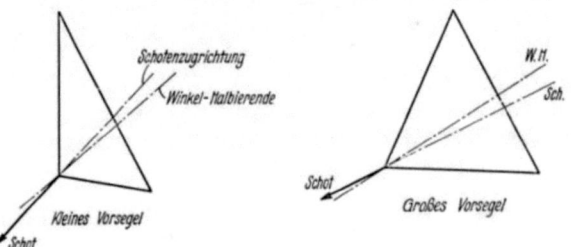

Abb. 32. Holepunkt des Vorsegels.

ein klein wenig vor der Winkelhalbierenden (Abb. 32) liegen. Bei größeren Vorsegeln (Genuafock) liegt der Holepunkt etwas hinter der Winkelhalbierenden, um den Abwind besser loszuwerden. Zu weit nach achtern ist aber auch falsch, da dann das Vorsegel unten flach und oben bauchig wird.

Die seitliche Lage des Holepunktes, von mittschiffs gerechnet, soll ungefähr 23—25% der Länge vom Vorsegelhals bis zum Holepunkt betragen (Abb. 33, 34).

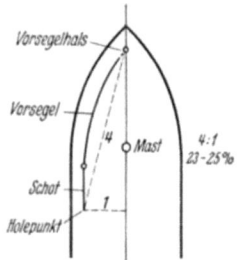

Abb. 33. Seitliche Lage des Holepunktes.

Abb. 34.   Phot. Hohmann.
Holepunkt liegt reichlich weit innen. Segel für diesen Wind zu bauchig.

Hierbei hat bei den schnelleren (größeren) Booten der Holepunkt mehr mittschiffs zu liegen als bei den langsameren Booten. Dies führt dazu, daß die Starboote mit ihrer kleinen Fock den Holepunkt ziemlich weit innen, die Scharpiejollen (Abb. 15) mit einer größeren Fock den Holepunkt auf dem Setzbord haben. Bei Booten mit zwei Vorsegeln liegt der Holepunkt der kleineren, flachgestellten Fock wieder mehr mitt-

Abb. 35. Schotenplatte für Starboote. Schotenschiene.

schiffs, um auf die Einwirkung des großen Klüvers Rücksicht zu nehmen (Abb. 12). Dies bedingt wiederum ein flaches Großsegel.

Wenn auch der Holepunkt eines Segels nach dem Wässern festgelegt werden könnte, so ist es doch gut, wenn die Boote veränderliche Holepunkte besitzen, denn beim Fahren verschiedener Vorsegel braucht jedes Segel seinem Trimm entsprechend einen bestimmten Holepunkt. Bei Starbooten sind veränderliche Holepunkte sogar notwendig, da auf diesen Booten nicht nur die Mastneigung verändert werden kann, sondern der Mast auch mehr nach vorn oder achtern versetzt werden kann. Mit einem Nachrecken des Segels ist stets zu rechnen.

Die Ausführung der verstellbaren Schotösen ist verschieden. Für die Starboote ist eine Schotenplatte am besten, auf der die Schotöse beliebig versetzt werden kann (Abb. 35). Große Boote können diese Platte nicht gebrauchen, da sie größere Beanspruchung nicht aushält. Diese Boote lassen in das Deck einschraubbare Schotösen ein. Für alle anderen Boote kommt eine Schiene in Frage, auf der die Schotöse verstellt und festgesetzt werden kann. Die Gitterform, wie man sie auf Jollen sehen kann, hat den Nachteil, daß sie im Wasser erheblich bremst. Dann ist eine feste Öse immer noch das Beste und Sicherste. Eins ist bei all den verschiedenen Konstruktionen zu bedenken. So wertvoll die Feinregulierung des Holepunktes in Händen von Fachleuten ist, so gefährlich ist sie in den Händen von Anfängern. Es wird in diesem Fall oft mehr vertrimmt als man denkt.

Trimmarbeiten.

Mit dem Trimmen der Fock beginne man erst, wenn das Großsegel einigermaßen steht, damit die Fock wegen der Düsenwirkung auf das Großsegel abgestimmt werden kann. Das Fockfall ist stramm durchzusetzen, da die Fock ein Drahtliek hat. Die Schot hingegen ist lose zu fahren, damit sich die Segelfläche langsam und gleichmäßig recken kann. Sonst wird die Lasche halb herausgezerrt; fächerförmige Strahlen am Schothorn und ausgereckte Lieken sind die Folge. An einem solchen Segel kann auch der beste Segelmacher nichts mehr ändern. Wird aber langsam getrimmt, überträgt die Lasche stets gleichmäßig den Schotzug auf das ganze Segel, und die Stärke des Schotzuges wird dauernd im Einklang zum Recken des Segels — besonders des Achterlieks — stehen. Sollte das Achterliek nicht mitkommen und sich einrollen, dann kann es über das Knie oder zwischen den Händen etwas gedehnt werden. Dabei bedenke man aber, daß sich gerade das Achterliek im Laufe der Zeit noch viel zu früh ausrecken wird. Ist das Achter- oder Unterliek zu lose, so überprüfe man zunächst die Lage des Holepunktes. Erst dann kommt ein Abnähen, ein Übereinandernähen der Bahnen in Frage. Ist das Segel zu bauchig, so ist das Vorderliek, wie bereits erwähnt, hohl zu schneiden.

Sturmfock.

Da ein Trimmen der Sturmfock nicht notwendig ist, wird dieses wichtige Segel oft vergessen, und in Stunden der Gefahr sieht man die Fehler der Sorglosigkeit. Da das Vorliek der Sturmfock kürzer ist, muß ein Verlängerungsstropp eingespleißt werden, damit die Vorstaglänge erreicht wird und das Fockfall eingehakt werden kann. Auch braucht die Sturmfock — bei viel Wind auch die größere Fock — doppeltgeschorene Schoten mit Hahnepot, da einfach geschorene Schoten nicht dicht zu bekommen sind. Die Schoten der Sturmfock laufen stets innerhalb der Wanten.

Klüver.

Große Klüver.

Beim Klüver ist zu dem bisher Gesagten nur hinzuzufügen, daß der Klüver auf die Fock abgestimmt werden muß, um zwischen diesen beiden Segeln die Düsenwirkung zu erzielen.

Abb. 36. Weil das Schothorn des Klüvers hochsitzen muß, kommt es sehr nahe an die Fock. Bindereff mit Reffkauschen für Reffleine. Phot. Schensky.

Das Schothorn muß ziemlich hoch sitzen, sonst ist bei diesen hohen schmalen Segeln der obere Teil des Achterlieks nicht zum Stehen zu bringen. Leider kommt dadurch das Schothorn ziemlich nahe an die Wölbung der Fock und stört leicht den Abfluß des Windes (Abb. 36). Diesem Übel trägt das doppeltgeschotete Segel (Greta Garbo) Rechnung. Dadurch, daß die Oberschot weit oben, die Unterschot entsprechend unten an-

Abb. 37. Doppelt geschoteter Klüver. Vorsegel gut auf Großsegel abgestimmt.

faßt, können die Lieken gut zum Stehen gebracht werden, und der störende, nicht arbeitende Segelteil am Schothorn des einfachgeschoteten Segels fällt weg (Abb. 37). Hierdurch wird ein besserer Wirkungsgrad erzielt. Dafür aber sind diese Segel durch den besonderen Schnitt wesentlich schwerer zu trimmen, schwerer im Trimm zu halten, schwerer richtig einzustellen und leichter zu vertrimmen. Es empfiehlt sich, dieses Segel nur bei schwachen Winden und nur unter sachkundiger Führung zu setzen, dann ist es dem einfachgeschoteten Klüver überlegen. Sonst ist es ein teures Vergnügen, das leicht negative Ergebnisse zeigt.

Kleine Klüver und Flieger.

Beim kleinen Klüver trifft, wenn er als Sturmsegel gesetzt wird, das bei der Fock bereits Geschilderte zu.

Yachten mit großem Vorsegeldreieck können den kleinen Klüver auch als Flieger fahren. Hierbei stehen zwei fast gleiche Vorsegel (Fock und Klüver) übereinander und erzielen in voller Höhe des Mastlieks die gewünschte Düsenwirkung. Daß hierbei der Holepunkt des oberen Segels ziemlich weit achtern liegt, ergibt sich von selbst. Die sehr lange Schot muß ziemlich stark sein, da auf dieser Schot große Kraft stehen muß, sonst ist sie nicht dicht zu bekommen. Dasselbe trifft auch bei Fliegern alten Schnittes zu (Abb. 29). Nur ist bei ihnen die Kreuzeigenschaft und Düsenwirkung sehr schlecht.

Ballon.

Der Ballon (Abb. 38) soll ein Leichtwettersegel sein und ist deshalb aus leichtem Stoff herzustellen. Wird der Ballon auch bei schwerem Wetter gesetzt, so wird das Segel vertrimmt, das Vorschiff unnötig ins Wasser gedrückt und die Fahrt des Bootes vermindert, wenn auch das Boot den Ballon noch tragen könnte.

Abb. 38. 100-qm-Seefahrtkreuzer mit Ballon. Phot. Schensky.

Der Schnitt des Ballons richtet sich danach, ob das Segel als Kreuz- oder als Raumballon gesetzt werden soll. Deshalb sollten die Segel stets ihrem Schnitt entsprechend verwendet werden. Nur dann haben sie den größten Wirkungsgrad. Bei der neuen, großen Genuafock, die Kreuz- und Raumwindeigenschaften in sich vereinigt, liegt die Hauptstärke in der Amwindeigenschaft und in zweiter Linie in der Raumwindeigenschaft. Sie ist ähnlich wie die Fock geschnitten, um gute Kreuzeigenschaften zu besitzen und hat ein großes Fußliek (Abb. 39, 40). Das Achterliek — besonders bei Segeln mit sehr großem Fußliek — ist hohl zu schneiden, um den Abwind besser loszuwerden.

Der Holepunkt liegt meistens auf dem Setzbord und ziemlich weit achtern. Um die Genuafock stets rasch zum Stehen zu bringen, empfiehlt es sich, die beim Kreuzen zu benutzende

Abb. 39. Gut stehende Genuafock.   Phot. Riebicke.
Großes Fußliek. Saling im Segel erkennbar. Erfolgreiches Boot.

Rast der verstellbaren Schotenöse zu zeichnen. — Als Schotführung wird auf kleinen und mittleren Booten die einfache Schotführung genügen.

Große Boote können wie beim Klüver den Wirkungsgrad erhöhen, indem sie einen doppeltgeschoteten Ballon fahren.

Abb. 40. Schärenkreuzer mit Genuafock. Phot. Riebicke.

Abb. 41. Saling behindert das Achterliek.
8-m-R-Boote.

Dieses Segel ist aber nicht in allen Regatten erlaubt, da bei diesen großen Segeln die Oberschot nicht mehr auf dem Setzbord, sondern am Baum gefahren werden muß. Für Klassenboote kommt das Segel nicht in Frage. Ihnen ist diese Schotführung durch die Wettsegelbestimmungen verboten. Der doppeltgeschotete Ballon dürfte das Segel sein, was am schwersten zu trimmen und im Trimm zu halten ist, dafür aber den besten Wirkungsgrad besitzt.

Bei der Genuafock stellt sich häufig noch ein Störenfried ein, an den man vorher selten denkt. Dadurch, daß das Achterliek des Ballons weit achtern verläuft, kommt das Segel leicht mit der Saling in Konflikt (Abb. 41). Dieser Konstruktionsfehler kann nur dadurch beseitigt werden, daß die Saling verkürzt und dafür noch eine Saling hinzukommt. Da eine solche Änderung während einer Wettfahrtreihe nicht möglich ist, sahen sich zum Beispiel die 8-m-R-Jachten „Saskia" (Großbritannien) und „Silja" (Norwegen), die zwei Salings hatten, während der Olympiade gezwungen, das Achterliek des Ballons in Höhe der Saling auszuschneiden.

Der Raumballon braucht Bauch, um die günstigste Segelform zu erhalten. Sollte durch den Schnitt nicht genügend Bauch vorhanden sein, kann die Bauchbildung auch durch Auffieren der Schot unterstützt werden. Hierbei ist zu beachten, daß beim Auffieren der Schot, d. h. beim Nachvornwandern des Schothorns, auch der Holepunkt mitzugehen hat. Dies wird nach dem Trimmen oft vernachlässigt. Sonst ist der Ballon wie die Fock zu behandeln und zu trimmen.

Mit Einführung der großen Genuafock verschwindet der Raumballon immer mehr.

Abb. 42. 20-qm-Rennjolle unter Spinnaker.   Phot. Riebicke.

Spinnaker.

Segelform.

Da der Spinnaker von großen Jachten bei leichtem wie schwerem Wetter gefahren wird, kann nur bedingt von einem Leichtwettersegel gesprochen werden. Kleine Boote können mit einem leichten Spinnaker, der bei wenig Wind nicht einfällt, auskommen. Große Jachten brauchen außerdem Spinnaker für viel Wind aus schwerem Tuch. Hochseejachten brauchen neben den leichten und schweren Spinnakern voller Größe noch einen kleineren Sturmspinnaker, der gute Dienste leistet, wenn bei Seegang das Großsegel nicht mehr gefahren werden kann, da der Baum dauernd ins Wasser kommt.

Die Größe des Spinnakers ist durch das Vorsegeldreieck bedingt. Die Form ist von der Länge des Spinnakerbaumes

Abb. 43. Gleichschenkliger Kugelspinnaker mit Löchern. Phot. Urbahns.

bzw. der unteren Seite des Vorsegeldreiecks abhängig. Bei den kurzen Spinnakerbäumen der kleinen und mittleren Jachten ist ein gleichschenkliger Spinnaker zu empfehlen (Abb. 43), da statt des Segelschiftens nur der Baum umgepickt werden muß. Wenn an beiden Enden des Baumes Haken sitzen, fällt sogar das Umdrehen des Baumes weg.

Boote mit großem Vorsegeldreieck bzw. langem Spinnakerbaum brauchen einen ungleichseitigen Spinnaker. Sonst können sie die weite Auslage des Baumes nicht ausnutzen. Diese Spinnaker haben den Nachteil, daß sie beim Schiften alle umgedreht werden müssen.

Zum Schnitt des Segels ist, allgemein betrachtet, zu sagen, daß ein flacher Spinnaker (Abb. 44) für kleinere und für RORC.-Boote am günstigsten ist. Er ist bei schwachen Winden leichter zum Stehen zu bringen, fällt nicht so schnell in sich zusammen und ist als Spinnaker-Ballon auf allen Booten verwendbar. Für RORC.-Boote kommt hinzu, daß sich nach den Grenzmaßen der RORC.-Vermessung kein Kugelspinnaker mit gutem Schnitt herstellen läßt. — Der große und kugelige Spinnaker, der nach internationaler R.-Vorschrift geschnitten ist (Abb. 45), hat einen größeren Wirkungsgrad. Er kann aber nur auf den

Abb. 44. Seefahrtkreuzer mit gleichschenkligen Spinnakern. Zwei Boote im Luvkampf unter Spinnaker.

Abb. 45. Phot. Urbahns.
Der große und kleine Bruder unter Kugelspinnaker ohne Löcher.
12-m- und 6-m-R-Boote.

R.- und ähnlichen Jachten mit Vorteil gefahren werden, da er nur auf diesen Booten vom Großsegel ungestört zum Stehen gebracht werden und auf kurzen Strecken der Regatta als Spinnakerballon gefahren werden kann.

Hierbei seien auch die Löcher eines Spinnakers einer kurzen Betrachtung unterzogen (Abb. 46). Um die Jahrhundertwende erschienen Italiener zum erstenmal bei der Kieler Woche mit Löchern in den Spinnakern. Viele folgten dem Beispiel. Später kamen alle wieder davon ab. 1927 tauchten die Löcher wieder auf. — Soviel steht fest, daß große Kugelspinnaker mit Löchern bei viel Wind den Vorteil haben, daß sie nicht gieren. Die störenden Wirbel hinter den großen Spinnakerflächen werden durch den Luftstrom der Löcher abgeschwächt. Aber dafür ist auch ein Kraftverlust zu verzeichnen, der für kleine Boote nicht tragbar ist. — Bei einem flachen Spinnaker kommen Löcher nicht in Frage. Bei ungleichseitigem Spinnaker verbieten sich die Löcher von selbst.

Zum Schluß dieses Abschnittes sei erwähnt, daß zur Zeit beim Segeln nach RORC.- bzw. Bermuda-Formel zwei Spinnaker gleichzeitig gefahren werden dürfen unter Wegnahme des Großsegels. Da der Schnitt der gleiche bleibt, ist zu dem bisher Gesagten nichts hinzuzufügen.

Lieken.

Die Lieken sind nicht so empfindlich wie bei anderen Segeln. Es ist nur darauf zu achten, daß die Regulierleine nicht fest am Segel angenäht ist und daß am Kopf ein Wirbelschäkel ist.

Abb. 46.   Phot. Riebicke.
Boote unter Kugelspinnaker mit Löchern. R-Klasse.

Trimmarbeiten.

Ein regelrechtes Trimmen ist nicht erforderlich, dafür achte man stets auf den guten Stand der Lieken. Bilden sich an den Lieken Falten, so sind sie durch Bedienen der Regulierleine zu beseitigen. Auch fahre man den Spinnaker in Zweifelsfällen soweit und solange wie möglich Innenkante Vorstag, sonst wird das Unterliek über das Vorstag gezerrt, das Unterliek wird vertrimmt und Segelbreite geht verloren. Außerdem steht der Spinnaker ruhiger. Wenn der Spinnaker nicht richtig stehen will, kann es auch am Ballon liegen. Es empfiehlt sich daher meistens, den Ballon wegzunehmen und den Spinnaker allein stehen zu lassen. — Auch achte man darauf, daß der

Abb. 47.   Phot. Betzendahl.
Hochseeboot mit großem Besanstagsegel.

Spinnaker trocken ist. Ein nasser Spinnaker ist zu schwer und weht bei Flaute nicht aus. — Ferner soll der Spinnakerbaum festgefahren werden. Dauernde Baumbewegungen beeinflussen den Stand und die Wirkung des Segels. Andererseits aber ist — besonders beim Kugelspinnaker — eine dauernde Bedienung des Segels mit dem Achterholer und der Schot erforderlich.

Besan, Besanstagsegel.

Da der Besan und das Besanstagsegel (Abb. 47) dem Großsegel bzw. Raumballon ähneln, ist nur hinzuzufügen, daß der Besan stets flach sein soll. Das Besanstagsegel kann wegen des ungünstigen Holepunktes am Besanbaum kein Kreuzsegel sein.

Trysegel.

Über das Trysegel mit besonderem Schnitt und besonderen Schoten ist nicht viel zu sagen. Das flachgeschnittene Segel soll so sein, daß man auch bei vorlichem Winde damit segeln und bei achterlichem Sturm das Trysegel als Spinnaker fahren kann. Für große Jachten empfiehlt sich ein besonderes Trysegelfall und eine Trysegelschiene (Abb. 4). Wenn auch das Trysegel nicht getrimmt wird, so soll doch versuchsweise damit gesegelt werden, um festzustellen, ob für den Bedarfsfall alles klar ist.

Wässern.

Über das absichtliche Wässern von Segeln sind die Ansichten geteilt. Die Erfahrungen auf Booten, die im Salzwasser segeln, haben aber gezeigt, daß es für den Trimm des Segels besser ist, wenn der Segler von sich aus bestimmt, wann das Segel

Abb. 48. Phot. Maack.
Vorsegel fertig getrimmt. Großsegel wegen der großen Fläche und des dicken Tuches noch nicht fertig. Latten bohren. Bindereff mit Reffbändsel. Besan noch nicht getrimmt.

zum erstenmal naß werden soll, statt es den Zufälligkeiten des Wetters zu überlassen. Wird ein Boot mit ungewässerten Segeln im Salzwasser gesegelt, so kommen trotz schönsten Wetters Salzwasserspritzer ins Segel. Einige Stellen des Segels werden

Abb. 49. Erfolgreich am Ziel.

dadurch gewässert, die anderen Stellen bleiben ungewässert. Selbst wenn diese Stellen wieder trocken geworden sind, bleibt mehr oder weniger ein Unterschied bestehen, denn das im Segel zurückgebliebene Salz absorbiert schneller die Feuchtigkeit der Luft. Die Folge davon ist ein schlechter Stand des Segels. Die Segel können auch leicht vertrimmt werden, wenn ein Boot mit ungewässerten Segeln zum Beispiel in engem Fahrwasser kreuzend in ein Gewitter kommt und gezwungen ist, weiterzusegeln.

Für das Wässern kommen in erster Linie die Amwindsegel in Frage. Sie sind erst dann zu wässern, wenn sie fertig getrimmt sind, d. h. wenn sie gut stehen, eine gleichmäßige Wölbung und keine Falten aufweisen.

Wässern kann man, indem man die Segel in Gefäßen einweicht oder sie während des Segelns abregnen läßt. Das Wässern in Gefäßen ist besonders kleinen Booten zu empfehlen, da die Segel unbelastet einlaufen können. Für größere Boote ist diese Wässerungsart mit Schwierigkeiten verbunden. Oft sind so große Gefäße nicht vorhanden und auf dem Transport werden die Segel leicht schmutzig. Deshalb sind die großen Boote gezwungen, die Segel mit losen Lieken und Latten sowie leicht angedirkt abregnen zu lassen. Es läßt sich hierbei nicht vermeiden, daß das nasse Segel nach unten gezogen und durch den Wind einseitig beansprucht wird. Dazu regnet es bei wenig Wind meistens nicht so ausgiebig, daß das Segel richtig durchfeuchtet wird. Aus diesem Grunde ist von kleinen und mittleren Booten bis 50 qm dem Wässern im Trog stets der Vorzug zu geben. Das Segel ist in reinem Wasser so lange zu wässern, bis alles gut und gleichmäßig durchfeuchtet ist. Dabei achte man darauf, daß keine Luftblasen in den Falten des Segels sitzen bleiben. Je nach Tuchstärke dürften zum Wässern 6—10 Stunden genügen. Ein zu langes Wässern schadet dem Tauwerk. Der Teer wird zu leicht ausgespült. Außerdem ist ein langes Wässern nicht notwendig, da das Segel selbst beim stärksten und anhaltendsten Regen kaum so intensivem Durchfeuchten ausgesetzt wird.

Nach dem Wässern wird das Segel auf sauberem Rasen oder auf Waschleinen, über Gegenständen usw. zum Trocknen ausgebreitet. Es ist falsch, das nasse, schwere Segel an den Ecken aufzuhängen oder am Mast vorzuheißen.

Wenn das Segel nach dem Trocknen oder halb trocken zum erstenmal gesetzt wird, bekommt der Segler einen kleinen Schreck. Das Segel ist viel zu klein geworden. Über $\frac{1}{2}$ m fehlt am Baum und im Topp. Aber während des Segelns, wobei die Lieken nur so weit ausgeholt werden dürfen, wie sie freiwillig hergeben, wird das Segel wieder größer und nimmt nach wenigen Trimmstunden die vorgesehene Größe wieder ein (Abb. 24). Die Segel der Klassenboote reichen bis zum schwarzen Strich (Meßmarke) am Baum und Mast. Die Ausgleicher legen jetzt die Länge fest, indem sie die schwarzen Vermessungsstriche anbringen.

Pflege der Segel.

So schwer es ist, ein Segel zu trimmen,
So leicht es ist, ein Segel zu vertrimmen.

Reffen.

Erst nach dem Trimmen und Wässern darf ein Segel gerefft werden. Da hierbei sehr viele Segel vertrimmt werden, soll kurz darauf eingegangen werden. Ziel soll sein, den nicht gerefften Teil des Segels ohne Falten zum Stehen zu bringen (Abb. 50), so daß die guten Kreuzeigenschaften erhalten bleiben. Besitzt das Boot ein Patentreff, so soll das Segel faltenlos auf den Baum aufgerollt werden. Dies ist zu erreichen, indem das Boot in den Wind gelegt und das Segel während des Eindrehens nach achtern ausgeholt wird. Sollte das Segel einen

Abb. 50. Jollkreuzer mit gut gerefften Großsegeln.

größeren Bauch haben, müssen gegebenenfalls Segelsäcke mit eingedreht werden. Beim Reffen während des Segelns muß der Wind die Arbeit des Ausholens übernehmen. — Beim Bindereff kommt es darauf an, daß zuerst die Reffkauschen an Hals und Schothorn genau in Baumhöhe geholt und dort gut festgesetzt werden. Dann wird erst das Segel zwischen den beiden Reffkauschen stramm nach achtern ausgeholt, bevor die Reffbändsel bedient werden. Eine lange Reffleine für Reffgatchen (Abb. 36) ist den vielen Reffbändseln (Abb. 48) vorzuziehen, da die durchlaufende Reffleine von selbst einen Ausgleich der Törns herstellt und dadurch kein Gatchen mehr als die Nachbargatchen beansprucht wird und ein gleichmäßiger Stand des gerefften Segels gewährleistet ist. Die Reffleine wird aus diesem Grunde nur am Anfang und Ende am Baum befestigt und zwischen diesen beiden Endpunkten laufend durch die einzelnen Gatchen im Segel und um das Baumliek oder durch die Baum-

Abb. 51. Drachenboot (D), Starboot (★) und Vertenskreuzer (♦) teilweise gerefft.

Abb. 52. 6-m-R-Boot mit verkürztem Großsegel.   Phot. Urbahns.

leisten (Abb. 4) geschoren. Wird die Reffleine fälschlicherweise um den Großbaum getörnt, so schamfielt sie sich. Wird sie mehrmals festgebunden, so ergeben sich harte Stellen und das

Segel reißt bei den am meisten beanspruchten Gatchen ein, da sich nicht von selbst ein Ausgleich herstellen kann. Nur bei obiger Ausführung wird das neuentstandene Unterliek und damit das ganze Segel gut und faltenlos stehen. Ein schlecht gerefftes Segel vertrimmt sich und zieht nicht.

Soll das Reff ausgeschüttet werden, achte man darauf, daß zuerst die Reffbändsel loskommen, dann wird das Vorderliek und zum Schluß, wenn alles andere los ist, das Achterliek losgeworfen. Denn wenn noch ein Reffgatchen bzw. Reffbändsel trägt, muß das Segel an dieser Stelle beim Loswerfen des Achterlieks einreißen.

Luftfeuchtigkeit.

Tritt während des Segelns Nebel oder Regen ein, so nimmt das Segeltuch die Feuchtigkeit auf und will einlaufen. Wird hierbei den Lieken nicht Lose gegeben, kann nur die Segelmitte einlaufen. Das Segel muß sich vertrimmen. Der Bauch wandert nach achtern. Daher sind alle Lieken und Taue so weit zu schrikken, wie sie Lose haben wollen. Dies ist öfters nachzuprüfen. Zur Bedienung des Baumlieks haben größere Boote einen besonderen Ausholer, der am vorderen Ende des Baumes bedient wird (Abb. 4). An der Gaffel läßt es sich nicht immer sofort und so leicht durchführen, und doch sollte es nicht vernachlässigt werden. Die Sorglosigkeit zeigt sich bald im schlechten Stand des Segels.

Segeltrocknen.

Nasse Segel dürfen nicht aufgetucht werden. Es muß Luft heran können. Am schlimmsten ist es, wenn auf ein nasses aufgetuchtes Segel die Sonne scheint. Außen ist es bald trocken,

Abb. 53. Segeltrocknen auf den Rasenflächen, an Deck, am Mast.

Abb. 54. Segeltrocknen nach der Hochseeregatta Dover-Kristiansand.

aber innen bilden sich Dämpfe, die Stockflecke hervorrufen. Deshalb muß jedes feuchte Segel sobald wie möglich getrocknet werden. Hierzu sind geheizte Trockenräume mit Grätings und

Abb. 55. 15-qm-Rennjollen (M) und 15-qm-Wanderjollen (H).

Waschleinen am besten, da man vom Wetter unabhängig ist. Sonst kommen Rasenflächen (Abb. 53) und Trockenböden in Frage. Sollte nur ein Trocknen am Mast möglich sein (Abb. 54), so setze man bei wenig Wind das Segel ohne Baum und binde die Kauschen so fest, daß sie weder ins Segel schlagen noch am Segel zerren oder reißen können.

Vor dem Einpacken des Segels achte man darauf, daß alles gut getrocknet ist. In der Doppelung und im Tauwerk hält sich die Feuchtigkeit am längsten.

Segelbezüge.

So schön und notwendig die Segelbezüge für die Sauberkeit der Segel sind, so gefährlich sind sie auch. Viele Segler glauben, bis zum nächsten Segeln — vielleicht erst in vielen Wochen — ihre Schuldigkeit getan zu haben, wenn sie das

Segel trocken unter dem Bezug verstaut haben, und bedenken nicht, daß auch der beste Bezug ein Segel nicht dauernd trocken erhalten kann. Im Laufe der Zeit dringt — besonders am Mast — Feuchtigkeit ein, die sich bei Sonnenschein gut als Dampf unter dem Bezug halten kann und Stockflecke hervorruft. Auch eine Schweißpersenning zwischen Segel und Bezug entbindet den Segler nicht von dem einzigen und richtigen Mittel, bei schönem Wetter die Segel sooft wie möglich und bestimmt nach jedem Regen zu lüften und sie vor Eintritt der Abendfeuchtigkeit wieder zu verstauen.

Segeltrimmbuch.

Für Boote mit vielen Segeln ist das Segeltrimmbuch eine wesentliche Stütze. Jedes Segel hat einen eigenen Abschnitt, der genau angibt, wieviel Stunden und bei welchem Wetter das

Abb. 56. Ruhetag.

Segel benutzt wurde und wie es stand. Hierdurch kann man vor dem Segelsetzen prüfen, ob es Zweck hat, das Segel zu nehmen oder nicht. Da in dem Buch auch Reparaturen, Vertrimmungen usw. vermerkt werden, wird man beim Übungssegeln gleichzeitig an notwendige Trimmarbeiten erinnert.

Wenn man in diesem Segeltrimmbuch die einzelnen Segel eines großen Bootes mit bestimmten Farben markiert und gleichzeitig das Schothorn, die Schot und den Holepunkt des betreffenden Segels mit gleicher Farbe zeichnet, ist eine Verwechslung des Segels, der Schoten oder des Holepunktes auch durch Ersatzleute unmöglich. Einem Vertrimmen der Segel wird vorgebeugt.

Selbst einer Regattamannschaft, die ihre neuen Segel stets selbst eintrimmen soll, um sie zu kennen, ist das Segeltrimmbuch eine wesentliche Hilfe. Es können z. B. noch besondere Vermerke über die Feineinstellung der Schoten usw. eingetragen werden. Eine zu dichte Schot ergibt leicht ein flaches Segel oder bei leichter Brise ist oft ein Schrick in die Großschot angebracht. Manchmal steht ein Segel mit doppelter Schotführung besser als mit einfacher. An Sturmtagen, die für ein Hochseerennen entscheidend sind, zeigt das Trimmbuch, mit welchen Segeln das Boot in gleicher Lage, ohne die Mannschaft zu zermürben, am längsten segelfähig blieb.

Schotwinden.

Bei dieser Gelegenheit sei noch auf die Bedienung der Schotwinden hingewiesen. Sie sind der Feind jedes Segels. Kleinere Boote sollten deshalb die Schotwinde nur in dringendsten Fällen benutzen. Es ist für den Trimm des Segels viel

Abb. 57. 8-m-R-Boot mit Schotwinden. Phot. Urbahns.

besser, wenn die Schoten bei leicht killendem Segel mit der Hand rasch durchgesetzt werden. Anschließend fällt das Boot wieder ab. Wird die Schot eines vollstehenden Segels besonders bei viel Wind mit der Schotwinde geholt, so wird es sehr auf Ausrecken der Lasche beansprucht.

Segelaufbewahrung.

Segel sollen nur sauber, gegebenenfalls gewaschen und überholt, aufbewahrt werden. Der Schmutz setzt sich unnötig fest und ist später schwerer zu entfernen. Das anhaftende Salz verkrustet und nimmt gern Feuchtigkeit auf, wodurch das Segel leidet. Aus diesem Grunde soll zunächst das Salz durch Spülen des Segels in frischem Wasser und der Schmutz durch Einweichen in Sodawasser und Scheuern mit Seifenwasser entfernt werden. Anschließend wird das Segel gespült, getrocknet und auf Beschädigungen nachgesehen. Es können Lattentaschen aufgerissen, Laschen und Nähte schamfilt sein. Segelmacherarbeiten sind vor dem Winterlager auszuführen, da man den Stand des Segels noch in bester Erinnerung hat und der Segelmacher noch nicht mit Arbeiten überhäuft ist.

Nachdem die Segel sauber, überholt und einwandfrei trocken sind, werden sie in Segelsäcken an einem trockenen, luftigen Platz so aufbewahrt, daß sich kein Ungeziefer einnisten kann oder die Segel muffig werden. Dann wird man mit Freuden, ohne Sorge und ohne Hast die nächste Segelsaison beginnen können.

Geräte,

die für Ausrüstung eines Neubaus in Frage kommen und von der Bootswerft nicht mitgeliefert werden.

I. Kajütengeräte.

Schlafdecken	Ledertücher
Bezüge für Schlafdecken	Staubtücher
Bettlaken	Küchentücher
Bezüge für Kopfkissen	Tischtücher
Handtücher	Tischdecke
Scheuertücher	Aschenbecher

II. Küchengeräte.

Geschirr*)	Holzteller
Pfefferstreuer*)	Gießer für Konservenmilch
Salzstreuer*)	Gefäß für Seife usw.
Asbestuntersetzer	

III. Sanitäre Geräte.

Bordapotheke oder Verbandstasche	Toilettenreiniger

IV. Signalgeräte, nautische Instrumente.

Schiffsglocke*)	Blaufeuer mit Raketen
Nebelhorn*)	Nachtrettungslicht
Leuchtpistole mit Munition	Signalflaggen

*) Falls nicht von der Bootswerft geliefert.

Winkflaggen
Morselampe
Nationalflagge
Klubstander
Rennflagge, Preisflaggen
Nationale Flaggen fremder Länder
Megaphon
Uhr, Wecker, Beobachtungsuhr
Doppelglas
Peilgerät

Navigationsdreiecke
Zirkel
Navigationsbleistifte, Gummi
Stoppuhr
Jachtenlog
Lot*), Elektrolote
Thermometer*)
Barometer*)
Rundfunk- und Funkpeilgerät
Notbeleuchtung
Taschenlampen

V. Seekarten, Bücher.

Seekartenausrüstung
Nautisches Jahrbuch
Leuchtfeuerverzeichnis
Gezeitentafel
Handbücher (Ostsee, Nordsee usw.)
Kleines Signalbuch
Seestraßenordnung

Seewasserstraßenordnung
Lotsenfreund
Logbuch
Sextant
Segeltrimmbuch
Nautischer Funkdienst
Hafenpläne der Nord- und Ostsee

VI. Sonstige Geräte.

Feuerlöscher*)
Schwimmwesten*)
Ölbeutel
Wogenöl
Kappbeil
Eisensäge

Fuchsschwanz
Hammer, Meißel, Zange
Schraubenzieher und -schlüssel
Feilen
Segelhandschuh, -nadel und -garn

*) Soweit nicht von der Bootswerft geliefert.

Takelmesser
Prieker
Regenzeug
Gummistiefel
Wurfleine
Ankerkreuz mit Leine
Reserve-Schoten, -Schäkel
Reserve-Segellatten

Fenderbezüge
Bootspersenning
Kleiderbügel
Waschschüssel
Handfeger
Müllschaufel
Vorhängeschlösser
Putzzeug

VII. Indienststellungsarbeiten.

Segellatten einpassen u. zeichnen (Nr. 1 oberste Latte)
Vermessen (Meßbrief, Segelnummer)
Positionslampen-Prüfschein
Kompensieren
Relinglog (Tertien) einrichten
Ankerkette zeichnen (10 m, 20 m)
Spinnakerbaum und Bootshaken seefeste Halterung

Segel und Bezüge zeichnen
Mast richtig stellen, Wanten nachspannen und sichern
Wanten herausgequollene Fett laufend abreiben
Mastschiene für Großsegel fetten
Mastrutscher einzeln auf Gangbarkeit prüfen
Inventarienliste aufstellen
Salingnocken bekleiden

Zwei Standardwerke!

Tiller

Yachtbau

Entwurf, Konstruktion und Berechnung von Segelyachten

Zweite, verbesserte und ergänzte Auflage. 360 Seiten mit 434 Abbildungen im Text und 39 Entwürfen bewährter Yachten auf 78 Tafeln

In Ganzleinen gebunden RM. 18.-

Es ist das Standardwerk über den modernen Yachtbau. In der Fachliteratur der ganzen Welt gibt es kein Werk, das ihm auch nur annähernd an die Seite gestellt werden könnte.

Haeder/Tiller

Motorboot und Motoryacht

Ihre Konstruktion und maschinelle Einrichtung. Handbuch für Bootseigner, Werften, Konstrukteure und Studierende

Zweite, vollständig umgearbeitete Auflage. 270 Seiten, 250 Abbildungen, 16 Tafeln, alphabetisches Sachverzeichnis *In Ganzleinen gebunden RM. 13.50*

Dieses Werk stellt eine seltene Übereinstimmung von Theorie und Praxis dar, wie sie nur Fachmänner geben können, die das weite Gebiet des Motoryachtbaues in allen Einzelheiten umfassend beherrschen.

RICHARD CARL SCHMIDT & CO.
Verlagsbuchhandlung / Berlin W 62

C. PLATH - HAMBURG 11

STUBBENHUK 25 · KOMPASSHAUS
Telegr.: Sextant · Fernsprecher 36 53 41

Fabrik von nautischen Instrumenten
Kompasse · Sextanten · Loggen · Lotmaschinen
Lote · Lotsengläser usw. · Kataloge auf Anfrage

YACHT- UND BOOTSWERFT
BURMESTER
Bremen — Burg

Die Werft für Hochseeyachten

Eigene Segelmacherei

Logbuch zur genauen Fahrteneintragung
Zweite Auflage. Handliches Gebrauchsformat, auf bestem Schreibpapier. **Ganzleinen RM. 2.80**

Hafenpläne der Ost- und Nordsee
Umfassend die deutsche Küste der Ostsee mit Bodden und Haffs, die schwedische Küste von Gotenburg bis Ystadt, die gesamten dänischen Gewässer und die deutsche Küste der Nordsee
230 Seiten, 270 Hafenpläne, 37 Abbildungen, 4 farbige Tafeln. **Ganzleinen RM. 9.45**

1000 Meilen Einhand. Von Vigo zu den Balearen
Von G. Werckmeister. 59 Seiten, 14 Abbildungen. **Kartoniert RM. 1.80**

Richard Carl Schmidt & Co., Verlagsbuchhandlung · Berlin W 62

Segelsport-Bücherei

Band 2

Die Segeljolle. Ein Wegweiser und Ratgeber bei der Anschaffung von Schwertbooten. Von Dr. **Richard Lohmann** und **Robert Mewes.** Achte, neu bearbeitete Auflage. 232 Seiten Umfang mit über 300 Abbildungen. Kartoniert . . . . RM. 4.25

Band 3

Der Segler auf See. Navigation an Bord von Yachten Zum Leitfaden für die Sportseeschifferprüfung umgearbeitete dritte Auflage des „Wanderseglers". Von **C. Renner,** Kapitän. 154 Seiten, 38 Abbildungen und eine Übersichtskarte. Kartoniert . . RM. 4.80

Band 4

Bootskonstruktion. Konstruktion, Bau und Typen nebst einer ausführlichen Anleitung zum Selbstbau eines handigen Bootes. Von Dr. **Richard Lohmann.** Fünfte, völlig neu bearbeitete Auflage. 108 Seiten Umfang mit 82 Abbildungen. In Ganzl. gebunden RM. 3.60

Band 9

Handbuch für Überholungsarbeiten an **Motor-, Segel- und Ruderbooten** nebst praktischen **Winken.** Von **Ernst Küst.** Zweite, völlig neu bearbeitete Auflage. 57 Seiten Umfang mit vielen Abbildungen im Text. In Ganzleinen gebunden . . . . RM. 2.50

Band 11

Kajak-Selbstbau. Von **Johannes Friebel.** 100 Seiten Umfang mit 48 Abbildungen und 2 Rissen. In Ganzl. gebunden RM. 3.60

Band 12

Konstruktion und Bau von Segeljollen. Wissenswertes für den Segelsportler und Selbstbauer. Schiffstheorie für den Laien. Von Dipl.-Ing. **E. Müller.** 145 Seiten Umfang mit 87 Abbildungen und 12 Tafeln. In Ganzleinen gebunden . . . RM. 6.30

Band 15

»BORA«. Fahrten und Erfahrungen eines Kreuzerseglers. Von **Günther Werckmeister.** 360 S., 124 Abbildungen, 30 Hafenpläne. In Ganzleinen gebunden . . . . . . RM. 16.–

RICHARD CARL SCHMIDT & CO.
Verlagsbuchhandlung / Berlin W 62

Motorschiff- und Yachtbibliothek

Band 2

Das Motorboot und seine Behandlung. Von **M. H. Bauer.** Siebente, völlig verbesserte und neubearbeitete Auflage von Bootsbau-Ing. **Adolph Schulz.** 234 Seiten Umfang mit 103 Abbildungen im Text. In Ganzleinen gebunden . . . . RM. 4.50

Band 13

Wie sagt der Segler? Nebst Anhang: Deutsch-dänisch-schwedisches Segler-Wörterbuch. Von Dr. **Richard Lohmann.** 108 Seiten Umfang mit 75 Abbildungen. In Ganzleinen gebunden . . . . RM. 2.50

Band 14

Reparaturen am Bootsmotor und Beseitigung von Störungen. Von **Paul Reibestahl.** 187 Seiten Umfang mit 81 Textabbildungen. In Ganzleinen gebunden . . . . RM. 3.60

Band 15

Leicht-Dieselbootsmotoren. Von **Ad. Schulz,** Schiffsbau-Ingenieur. 95 Seiten mit 50 Abbildungen im Text und 5 Tabellen. In Ganzleinen gebunden RM. 3.—

RICHARD CARL SCHMIDT & CO.
Verlagsbuchhandlung / Berlin W 62

Bücher, die Ihnen Freude machen!

Ewiges Meer / Schaffendes Leben
Von Orrie Müller

Mit künstlerischen Aufnahmen von H. Engelmayer und W. Bauer. 104 Seiten mit 96 Abbildungen auf bestem Kunstdruckpapier. In elegantem, geschmackvollem Einband mit wirkungsvoll farbig angelegtem Schutzumschlag
RM. 5.80

„Wir haben noch kein Buch mit Bildern vom Meer gesehen und mit solcher Freude am Text und an der Auswahl durchgeblättert wie diese fast hundert bebilderten und sprachlich geformten Meerthemen. Wer die Sonne liebt und das Meer, wird in diesem Buche blättern."
Braunschweiger Neueste Nachrichten

Wasserfahrten mit einer kleinen Freundin
Von Theo E. Sönnichsen

172 Seiten Umfang auf bestem holzfreiem Werkdruckpapier mit 33 ganzseitigen Aufnahmen von Eva Satow
In Ganzleinen gebunden RM. 4.80

„Dieses flott und frisch geschriebene Buch wird vor allem allen Wassersportlern große Freude bereiten. Es berichtet über allerlei technische Dinge des Motorbootsports, über zünftige und weniger erfreuliche Wassersportler und vieles andre mehr." Eislebener Tageblatt

„... ein heiteres, unbeschwertes Buch von jungen Menschen, von all ihren Schwächen und Freuden ..." Berliner Börsen-Zeitung

G. SCHÖNFELD'S VERLAGSBUCHHANDLUNG
KLINKHARDT & BIERMANN
BERLIN W 62

Für die Anzeigen verantwortlich: Heinz Röhre, Berlin-Lichterfelde, Auguststraße 6
A. 2750. W. Gen. d. 8577